# DIBUJAR

# ESPACIOS

# Anthony Junior Carvajal Rivera

# Mi Brillante Esplendor

### El Primer Amor

europa
ediciones

© 2026 **Europa Ediciones** | Madrid

www.grupoeditorialeuropa.es

ISBN 9791256961726

I edición: febrero del 2026

Distribuidor para las librerías: **CAL Málaga S.L.**

Impreso para Italia por *Rotomail Italia S.p.A. - Vignate (MI)*

Stampato in Italia presso *Rotomail Italia S.p.A. - Vignate (MI)*

# Mi Brillante Esplendor

## El Primer Amor

*El nombre de la mujer que me hizo retratar el amor con versos y palabras sacadas del corazón es aquel de origen griego y significa, "antorcha", "luz brillante" o "la que brilla". En la mitología griega, el nombre de ella era usado para llamar a la que en ese tiempo era considerada la mujer más hermosa del mundo. Que en mi mundo es ella...*

*Ilse Yaneth Rivera Nuñez, mi madre, Antonina Giallombardo, y todo el equipo de Europa Ediciones que aportó parte de su trabajo y experiencia a "Mi Brillante Esplendor" y Jehová (Dios) todo poderoso.*

*"La medida del amor es amar sin medidas"*
*San Agustín (354-430) - filósofo y teólogo*

# Contenidos

# PRÓLOGO

Este poemario surge de una experiencia amorosa vivida personalmente por el autor. Cada poema nos sumerge en un torbellino de emociones y sensaciones surgidas del recuerdo del sentimiento vivido y de la persona amada. El autor no recurre a imágenes idealizadas; al contrario, escribe desde la experiencia directa y personal, plasmando momentos de su propia vida que resuenan con la verdad universal de sus sentimientos y, por extensión, de los nuestros. El objetivo es conectar con lo más profundo de sí mismo y poder entenderse a través de versos que le encantan, le atrapan, confiando en que esa misma conexión, esa red de sensaciones, llegue al corazón de los lectores.

Con un lenguaje sencillo y profundo al mismo tiempo, el autor invita a la reflexión y a la empatía. Cada verso es un espejo en el que es posible vernos reflejados en cualquier momento de nuestra vida - quizá en nuestro primer amor - pero también es un recordatorio de que no estamos solos tanto en la alegría como en la tristeza. A través de la poesía, se evoca la belleza del primer beso (*Disfruto*), la intensidad del primer amor (*Disfruto, Corazón con llave, Cómo me enamoré, Mi fin*) y la capacidad de curar las heridas del alma (*"Una desesperación basada en recuerdos que me dan fuerzas para seguir preservando ese te quiero que siento vos, o esa espera que ya no forzó para volver con vos" - Un final eterno*).

El libro es una invitación a recordar ese primer amor y esos momentos que nos hacen humanos, a celebrar la vida en todas sus formas. Con cada poema, con cada recuerdo, el autor reafirma que incluso en la oscuridad siempre hay lugar para la esperanza que habita en nuestros sueños y para el amor que habita en nuestros corazones.

# INTRODUCCIÓN

Todos creemos conocer el Amor, y todos lo interpretamos de formas distintas.

Algunos basan el amor en cuentos de hadas, otros en personas y momentos que llegan a nuestra vida de forma inesperada.

Nunca sabemos cuándo llegará el momento o la persona, hasta que se alejan y reaccionamos a ellas de la nada.

Conocí a la persona que me hizo sentir el verdadero amor, la persona que me hizo sentir tanto pero tanto que me hizo buscar los versos y palabras, aunque evocaran al llanto, por yo amarle tanto.

Cuando conocí a la luz no creí que me iba a alumbrar el alma, y no solo terminó alumbrando mi alma sino también mi corazón y al final mi mente…

Yo ya en el pasado intenté escribir de amor y de vida, pero siempre fallaba al no haber amado de verdad y al no haber vivido la vida amando como a la luz amé en aquellos días, y sigo amando hasta que se vaya, pero, aunque se vaya de ella siempre me llevo un sentimiento y un tesoro de recuerdos inmensos que llevo dentro de mis pensamientos.

Desde que la luz hizo brillar mi corazón y mente, le empecé a escribir cada día que podía y cada día que la amaba, y cada día que en ella pensaba. Aquí están los versos y poemas que le hice al primer amor de mi vida, versos y poemas que algunas veces le di y que le dedicaba con amor y sentimientos basados en recuerdos que mantendré conmigo hasta el final de mis días y en estas páginas que espero que ella lea algún día.

# PRIMERA PARTE

# DISFRUTO

Disfruto el verte y ver cómo me ves,
disfruto el verte sonreír y ¿cómo no?, el verte feliz.
Disfruto la delicadeza de tus abrazos, y ver
cómo a veces me demuestras tu interés sin querer.
Y aunque suene raro disfruto la sutileza de tus besos en
mis locos pensamientos.
Disfruto quererte y como a veces siento que me
quieres; y espero amarte así como como espero que tú me
ames, solo falta tu querer, el mío lo tendrás por siempre…

Para:..

De: Anthony Rivera

Dibujo un atardecer, porque eso
disfruto e imperfecto porque te quiero
con todo y tus defectos.

De: Anthony Carvajal                    Para: .....

# CORAZÓN CON LLAVE

¿Cómo no enamorarme de ti, si eres mi sol en el día y mi luna en la noche?

Sol y luna, muy radiante y exaltante, pero con el corazón frío y vagante dando vueltas ante mis ojos con tu reflejo deslumbrante, tal vez frío por miedo a amarme, y por muy frío que ese corazón esté, yo siempre seguiré, y el calor de tu corazón encontraré y de cierta forma en él me abrigaré siempre queriéndote y si el amor cede, amándote…

Bríndame la estancia en tu corazón y te prometo que nunca te faltará mi amor, amor que por ti nace y sigue creciendo.

Para:..

De: Anthony Rivera

# REYES DEL MUNDO

En mi mundo…

En mi mundo quiero ser tu rey para hacerte reír y verte feliz, y quiero que seas mi reina para reinar en nuestros mundos sin pena, y disfrutar juntos de nuestras maravillas y penas, no solo un instante o un día sino con suerte todas nuestras vidas…

Quiero tratarte como una princesa siendo mi reina, para darte espacio en mi trono y brindarte mis alas y verte volar en lo profundo del amanecer que provocaste en mi noble corazón.

Para:..

De: Anthony Rivera

## AMOR DE MADRUGADA

Me he despertado esta madrugada y lo primero que hice fue el haberte pensado. Pensar en ti y en aquellos hermosos sueños que vi y sentí maravillosamente a tu lado.

Pero hoy es un día un poco desolado, ya que no te veo a mi lado.

Hoy no veo tu hermosa sonrisa o esos ojos que al verlos me paralizan, y no te escucho….

No escucho tus melodías o esa voz simple e inolvidable que endulza mis oídos casi todos los días.

Pero lo compensa el hecho de sentir que estás aquí conmigo, a lo mejor no en físico, pero sí volando por mi corazón y navegando por pequeños recuerdos nuestros, que me dejan asombrado, y de ti cada vez más enamorado.

Para:..

De: Anthony Rivera

## TU SONRISA Y TÚ

Ya no quiero comer porque tu sonrisa me llena de amor, ya no necesito ver las estrellas porque con ver tus ojos ya veo el universo entero, ya no necesito dormir porque con verte sueño sin estar durmiendo

Para:..

De: Anthony Rivera

## CUANTO DURARÁ

Qué dure lo que tenga que durar.

Qué dure meses, días o años, qué dure una vida entera, qué dure la eternidad y qué pasemos por su inmensidad, qué dure un segundo, qué dure un minuto, un año o un susurro, pero qué sea contigo.

Para:..

De: Anthony Rivera

## TUS ABRAZOS

Como dijo Mario Benedetti:

"Qué bien nos vendría un abrazo que nos acomode un poco. Que nos haga ver que no estamos tan solos, ni tan locos ni tan rotos"

Mario Benedetti

Un abrazo que pido, y que con suerte recibo.
Un abrazo que me da vida, un abrazo que
quiero que sea de por vida.

Para:..

De: Anthony Rivera

## MI INSPIRACIÓN

Tú has sido la inspiración detrás de mis letras, esa dulzura que brota en la tinta de mi pluma, eres esa luna que mueve mis mares y páginas no solo con habilidad sino con amor y sutileza que reflejan tu belleza.

Tú eres esa ave que me hace alzar la mirada, aunque se vaya de forma inesperada.

Eres la chispa que prende el fuego de mi corazón, fuego en el que cocinaré con plumas, tinta y un par de páginas lindas, el amor o al menos su lenguaje para llevartelo a la mesa y lo disfrutes como yo lo disfruté cuando te volviste el secreto de la receta.

Para:..

De: Anthony Rivera

# TUS OJOS ANTE EL SOL

Hubo un momento en el que mi persona fijó los ojos al sol para comparar su brillo con el tuyo, y con su poderoso brillo mi vista desvío.

Me desvió la vista, pero me la desvió hacia su reflejo que reflectan la bella luz del amanecer en tu hermosa sonrisa.

Sonrisa que al igual que el sol, hace un cambio maravilloso en mi vida.

Para:..

De: Anthony Rivera

# EN MI CIELO POR SIEMPRE

Empiezo a pensar que de ti nunca me voy a olvidar.

No voy a olvidar tu hermosa sonrisa o tu belleza que por mi mente vaga haciendo cuadros más bellos que la Mona Lisa.

No voy a olvidar tu presencia que arregla días y corazones como el sol a los días como tú a mi vida.

No voy a olvidarte porque a ti te dediqué las estrellas más brillantes y hermosas del cielo. Por el día tú serás el sol de mi amanecer, y por la noche aquella estrella que nace del más hermoso atardecer, que cambia y transforma a bien el panorama de mi ser, ser de amor que por usted brilla.

Para:..

De: Anthony Rivera

# MI PROPUESTA DE AMOR

10/Oct/20
1:56 pm

Ésta es mi propuesta, mi deseo y mi anhelo. Anhelo de juntos navegar.

En el jardín de mi corazón has sido el agua y sol que lo alimentan y lo hace crecer en belleza. Hasta ahora en mi vida has sido bella, como una rosa que me hechiza y hace ver mi vida más bella…

En tus ojos encuentro el brillo del sol en cada amanecer y en el atardecer veo tu encanto y belleza que deseo a mi lado tener y que con esta carta te vengo a ofrecer.

De la mano quisiera caminar contigo hacia el horizonte, descubrir juntos el mundo y lo que esconde.

Quiero abrazarte y sentir tu corazón latir junto al mío, y prometerte amor en cada segundo que estemos juntos…

Por eso te pido, con todo mi amor y emoción,
¿Quieres ser mi dulce compañera en esta vida pasajera?
Que con usted sería más bella.
(Mi corazón aquí te espera).

R: …………………………………….

Para:..

De: Anthony Rivera

# SEGUNDA PARTE

## INICIO O FINAL

Ahora solo me queda esperar, esperar un sí o un no, que se terminará convirtiendo en un talvez.

Esperar que esto no sea el inicio del fin, esperar que esto sea el final de inicio y que el nudo de esta historia sea mágico e inolvidable, como usted en mis sueños y páginas hacia usted llenas de sentimientos.

Para:..

De: Anthony Rivera

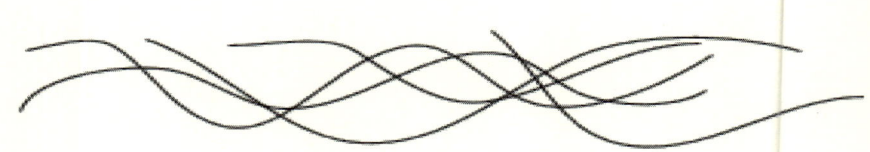

## SILENCIO Y DISTANCIA BASADOS EN ESPERANZA

El silencio es algo que me ayuda a pensar, a pensar en mí, a pensar en ti, en lo que eres y en lo que te has convertido en mí.

Al final nunca pierdo la constancia sino el interés.

Supongo que éste va a ser el inicio del final de un sentimiento que forjé con el acero más hermoso, y que desgaste matando aquellas bonitas sensaciones que me generabas.

Dejé de dedicarle tiempo a las cosas y personas que aman tratando de buscar el amor que tú no me dabas, creyendo por dentro que tú lo buscarías por mí.

Ahora solo me queda seguir y poco a poco disolver ese sentimiento tan fuerte que forjé por ti.

Espero que un día no sé con qué motivo o si con alguna razón te acerques a mí y me digas que sí…

Pero mi esperanza aún no acaba.

Estaré aquí a tu disposición por un largo tiempo y cuando llegue el momento aquí estaré para darte amor por completo, con mi corazón ante ti abierto.

Para:...                    De: Anthony Rivera

# MI NUBE

Tengo un sueño del cual no me quiero despertar, uno en el que me quiero quedar, uno en el que lo nuestro se concluye en el final de un inicio, uno en que salvas a mi corazón de este grande precipicio.

Un sueño en el cual contigo quiero viajar y navegar en mi nube de sueños que contigo se vuelven realidad.

Un sueño en el cual tu *te amo* se vuelve realidad y no la fantasía que creía real.

Un sueño en el que mi propuesta termina en un sí, sacado del corazón, y no en un talvez que me apuñala sin razón.

Dicen que soñamos lo que pensamos y anhelamos, y te pienso y quiero, y ¿cómo no?, de cierta forma tu amor anhelo. Te anhelo a mi lado no una, ni en dos, sino en muchas vidas llenas de amor por la vida.

Y esta sensación de amor incondicional que por ti siento, que me comprime el pecho, y esta sangre que pasa por mi yugular con sus glóbulos cargados de amor esperando al verte para mi corazón bombear.

Esa sensación que quiero que se haga temporal y así dejar de pensar en lo perfecta y hermosa que eres por un momento, y ponerme a pensar si en realidad alguna vez me amaste o si me quieres como yo te quiero *te quiero bien* en verdad.

Para:...

De: Anthony Rivera

# CÓMO ME ENAMORÉ

Me enamoré del atardecer sabiendo que anocheciera, me enamoré de la noche sabiendo que tarde o temprano amanecería, me enamoré de ti sabiendo que tarde o temprano te irías, me enamoré de ti sabiendo que a lo mejor de mí no te enamorarías.

Me enamoré de ti no sé cómo o cuándo, pero me enamoré.............

Para:...

De: Anthony Rivera

# UN TESORO DE RECUERDO

Hoy he mirado al cielo y aquella estrella que me hace pensar en ti no la he visto, espero que no seas como esas estrellas fugaces, tan bellas e impresionantes, pero tan rápidas y pasantes.

Pero ahora que me fijo, veo más estrellas, y estrellas que nunca había visto. Estrellas que no veía por el poderoso brillo que expusiste en los días que te veía.

Llegaste a ser mi luna, la responsable de mover mis mares y alumbrar la oscuridad dentro de mis andares.

Después pasaste a ser mi estrella, estrella que veía más que la luna porque nunca paraba de brillar y se veía como ninguna.

Y al final me quedaré con el recuerdo de que alguna vez no sé cómo o cuándo terminaste siendo la reina de mi cielo en mi día y noche. Y ¿cómo no?, la reina de no solo lo profundo sino de todo mi corazón.

Para:..

De: Anthony Rivera

# MIS ESFUERZOS

Seguro si te cuento todo el tiempo y esfuerzos que te dediqué no lo creerías, ya que tú solo viste los treinta días que te quería, pero no las quinientas noches que te soñaba y escribía.

Mis textos y versos se basaron en ti y en lo que por ti siento con entusiasmo y alegría.

No sé qué nos pasó, no sé si fue el tiempo o los errores que cometí o los errores que en ocasiones cometimos los dos, tal vez fue una cuestión de Dios o de algún tercero que nos desató.

Ese sentimiento de amor que sentí por ti tan sólido e inquebrantable se mantiene, pero ahora esparcido por todo mi ser, ser que siempre te espera con amor y espacio en su corazón, en mi corazón.

Para:..

De: Anthony Rivera

# SALIDO A PENSAR

Hoy he salido a pensar, a pensar en todo lo que me ha pasado y con todo me refiero a ti. Pensar en aquellos momentos en los creía que no había forma de perder nuestro querer, esos momentos de sentir…sentir amor, sentimientos de amor y alegría que aún por ti sigo sintiendo con mi alma y emoción.

Hoy he salido a pensar en las hermosas playas a las que te llegué a invitar, queriendo te enamorar de un enamorado.

Veo este atardecer y aun sabiendo que se va a oscurecer sigo aquí parado viéndolo y disfrutándolo pensando en ti y en que serás para mí después que ese sol baje del cielo en el que soñé contigo pasar, y el mundo explorar.

Serás aquella que llegó a ser la reina de mi vida, y la reina de mi cielo de por vida, gracias a esa estrella que al mirar al cielo y verla me acuerda de tu hermosa sonrisa.

Serás la mujer del final de la introducción y el empuje que me ayudó a escribir solo esa canción de amor, que había prometido escribir con vos y para vos. Y serás…la dama a la que un espacio en mi mente y corazón por siempre le guardaré.

Y aunque te olvide por un día solo es cuestión de mirar al cielo y ver esa estrella que te dediqué para acordarme de lo mucho que te amé.

Siempre en mi mente y corazón.

Para:..

De: Anthony Rivera

# TERCERA PARTE

# MIS SUEÑOS PERTURBADOS

Últimamente mis sueños han estado perturbados, perturbados por un ser deslumbrante y de cierta forma impresionante pero seguramente andante, andante por mi mente a cada instante.

Instante alucinante, instante que se presenta en esos sueños mágicos, o ordinariamente espeluznantes en los que veo a mis miedos en ti, o mágicos ya que mi mente y corazón habitan en esos sueños solo para verte y amarte a ti.

Esos miedos que generaste en mi ser y corazón, miedo a enamorarme o verte enamorada incluso hasta de mí.

Para mi ser te has convertido en una navaja de doble filo, uno me abrió el corazón y desató mi alma, que vaga por ti y no vuelve por seguirte a ti; el otro me abrió la mente, que ahora abierta puede ver la realidad, realidad que mi mente conoce pero se abstiene a revelar hasta que sepa, ¿yo qué fui para ti en realidad?

Para:..

De: Anthony Rivera

# LO QUE FUI EN TU MENTE

En tu mente tal vez solo fui uno de tantos, uno más espectacular o diferente. Como tal uno, pero uno excelente y seguramente hasta ahora el más sorprendente.

En mi mundo fuiste única y en mi mente inolvidablemente sorprendente, la mujer que con sus encantos me enamoró sin querer, la responsable de que piense en el amanecer y en ella y yo habitando en él, en el amanecer, amanecer que nunca olvidaré como la estrella que te dediqué.

La mujer que me hizo conocer el amor sin querer y que generó un querer eterno tanto por ella y los recuerdos con su ser.

Para:..

De: Anthony Rivera

# SUPOSICIÓN CERTERA

Mis dudas y suposiciones han sido aclaradas, tanto como el sol pasando por la noche o el agua sobre el papel…

Aquel tercero que estaba en las suposiciones de mi mente apareció de repente, y qué sorprendente es conocerle y saber que tu no rondas por su mente, sino tú en su ser, ser que es más pequeño que el querer y amor que siento por usted.

Supongo que en esta historia todos saldremos heridos y aprenderemos de lo que creíamos prohibido.

Te tendré rencor en mente, y amor en corazón y recuerdos que se apoderaron de mi mente con pasión hecha de repente.

Te puedo asegurar que, aunque el tiempo ha de pasar tengo la certeza que de ti me voy a acordar, y espero un maravilloso tiempo pasar con mis versos que te pueden explicar lo que sentí al ellos recitar.

Para:..

De: Anthony Rivera

## UN FINAL ETERNO

Aunque mi corazón vaga por aguas desconocidas del amor, y mi amor te persiga sin razón, eres la razón de mi desesperación.

Una desesperación basada en recuerdos que me dan fuerzas para seguir preservando ese te quiero que siento vos, o esa espera que ya no forzó para volver con vos.

Para:..

De: Anthony Rivera

# NUESTRA FALTA DE COMUNICACIÓN

La falta de nuestra comunicación fue el primer paso a generar el caos en mi mente, y duda en la tuya ha de creer realmente.

En vez de comprender la posición de la comunicación caí en la trampa de la suposición; una suposición que supuestamente me hacía pensar que el evitarte disolvería mis ganas de amarte; y digo supuestamente porque la mente supuso, pero el corazón siempre sintió.

Para:..

De: Anthony Rivera

'........'

Qué la mente avance y qué el corazón crezca, qué la vida pase lento mientras la muerte se acerca, qué me pase de todo, pero qué estes tú ahí cerca.

Para:..

De: Anthony Rivera

—

Te quiero sin querer quererte, te amé sin saber de tu querer, y ahora pago mi falta de saber con versos basados en el ayer que dejaste en mis recuerdos y ser por siempre.

Para:..

De: Anthony Rivera

# EL PESO DE TU RECUERDO

Te llevo a todo lado pensando que tu mano y mi mano se gustan y crean sueños ya soñados.

Te llevo en mi mente y recuerdos tanto amargos como el café y dulces como el azúcar que como tú me endulzan…

Para:..

De: Anthony Rivera

## MI FIN

Me enamoré y fallé en enamorarla, me desperté y fallé en despertarla. Intenté cargarla pudiendo, pero ella no me dejaba.

Hice lo que pude pudiendo, pero ella no lo veía y creía que faltaba, ahora hago lo que quiero queriendo, y digo quiero porque si hago algo por ti es porque te amo aunque te vayas lejos o seas ese veneno; veneno tan malo pero que parece ser tan bueno. Veneno que me inyecté no con una aguja o jeringa, sino con esos ojos, esa sonrisa, y esa presencia tuya que me arreglaba cada uno de mis días…

Para:..

De: Anthony Rivera

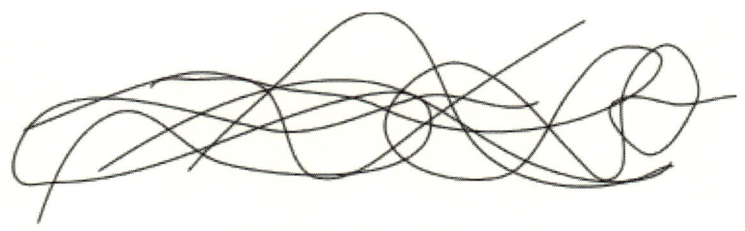

## QUÉ MEJOR /FINAL QUE UN 'FIN'

## UN INTRIGANTE, UN CORTE DE NUDO CON RESTOS DE HISTORIA INOLVIDABLES

*Mi Primera Luz*

…..

*Antorcha y Luz*

1/10/2024 - 10/1/2025

Para:..

De: Anthony Rivera

## "Un Amor En Miles De Corazones"

Fue tanto el amor, que me dejó sin palabras…

Y ese amor que aún me habla por dentro, es tan inmenso que se esparce entre muchos que leyeron esto…

Por eso te invito a que, por un momento, retrates ese amor que te marcó por dentro, y no con recuerdos que se esfuman con el tiempo, más bien con versos que materialicen vuestro encuentro.

De: Anthony Carvajal

Para: Los Versos De Un Primer Amor

*el dia*

*el retrato*

_ / _ / _

"                                                                  "

_____
_____
_____
_____
_____
_____
_____
_____
_____
_____
_____
_____
_____
_____
_____
_____
_____
_____

De…

Para…